The Twists of Life and Other Stories: Bilingual French-English Short Stories for French Language Learners

Coledown Bilingual Books

Published by Coledown Bilingual Books, 2023.

While every precaution has been taken in the preparation of this book, the publisher assumes no responsibility for errors or omissions, or for damages resulting from the use of the information contained herein.

THE TWISTS OF LIFE AND OTHER STORIES: BILINGUAL FRENCH-ENGLISH SHORT STORIES FOR FRENCH LANGUAGE LEARNERS

First edition. September 16, 2023.

ISBN: 979-8223718109

Written by Coledown Bilingual Books.

Table of Contents

Les Mystères de la Rue Saint-Jacques.................... 1

The Mysteries of Saint-Jacques Street 5

Les Aventures de Madame Gabrielle.................... 9

The Adventures of Madame Gabrielle....................13

Les Enquêtes de Monsieur Dupont 17

The Adventures of Mr. Dupont 21

Les Mots Magiques....................25

The Magical Words....................29

Le Café des Petits Miracles 33

The Café of Little Miracles 37

L'Architecte de Rêves 41

The Dreaming Architect 45

Les Secrets du Jardin 49

The Secrets of the Garden 53

L'Énigme de la Rue des Étoiles....................57

The Mystery of Star Street....................61

Les Détours de la Vie 65

The Twists of Life....................69

Les Mystères du Café des Songes.......................................73

The Mysteries of the Café of Dreams.......................................77

Les Secrets de la Pâtisserie Magique.......................................81

The Secrets of the Magical Bakery.......................................87

Les Mystères de la Rue Saint-Jacques

Dans la paisible ville de Saint-Jacques-sur-Mer, tout semblait normal. Les rues pavées étaient bordées de maisons aux volets bleus, les habitants se saluaient chaleureusement, et la vie suivait son cours tranquille. Cependant, sous cette apparence idyllique, se cachaient de mystérieux secrets.

Au cœur de cette petite communauté, vivait Élise Dupont, une femme d'une cinquantaine d'années au sourire bienveillant. Élise était la propriétaire du café le plus populaire de la ville, "Le Coin du Bonheur". Chaque matin, elle ouvrait les portes de son établissement et accueillait ses clients avec un café chaud et des pâtisseries fraîchement préparées.

Un jour ensoleillé, alors qu'Élise nettoyait les tables du café, un étranger mystérieux entra. Il était vêtu d'un long manteau sombre et portait un chapeau qui cachait son visage. Il s'assit à une table à l'écart, jetant des regards furtifs autour de lui.

Élise s'approcha doucement et le salua d'une voix douce, "Bienvenue au Coin du Bonheur. Que puis-je vous servir aujourd'hui ?"

L'étranger releva lentement son chapeau, révélant un visage marqué par le temps. "Un café noir, s'il vous plaît," murmura-t-il d'une voix grave.

Élise lui apporta le café et remarqua un air de tristesse dans les yeux de l'homme. "Vous avez l'air préoccupé. Est-ce que quelque chose ne va pas ?" demanda-t-elle avec empathie.

L'homme hésita un instant, puis finit par se confier. "Je cherche quelqu'un, une vieille amie que j'ai perdue de vue depuis de nombreuses années. Son nom est Claire. Elle habitait cette ville autrefois."

Élise fronça les sourcils, pensant à toutes les Claires qu'elle connaissait dans la ville. "Pouvez-vous me donner plus d'informations sur elle ? Peut-être que je peux vous aider."

L'homme esquissa un léger sourire reconnaissant. Il raconta des souvenirs de Claire, décrivant sa passion pour la peinture et sa tendresse pour les chats. Il mentionna également qu'elle avait vécu près de la vieille église de la ville.

Élise décida d'aider l'homme à retrouver son amie disparue. Elle se rendit à la vieille église, espérant trouver des indices. À l'intérieur, elle découvrit des fresques murales magnifiques, certaines datant de plusieurs siècles. L'une d'entre elles représentait une femme peignant un tableau de chats jouant dans une cour ensoleillée.

Cela correspondait à la description de Claire. Élise décida de poursuivre ses recherches et se rendit à la mairie pour consulter les archives locales. Elle fouilla des registres poussiéreux, parcourut d'anciens journaux et interrogea les anciens habitants de la ville.

Peu à peu, des détails émergèrent. Claire avait été une artiste talentueuse, aimée et respectée par tous. Elle avait disparu sans laisser de trace il y a plus de vingt ans. Certaines personnes se souvenaient qu'elle avait parlé d'un projet secret, quelque chose de grandiose, mais personne ne savait ce que c'était.

Élise avait le pressentiment que la disparition de Claire était liée à ce projet mystérieux. Elle se promit de découvrir la vérité.

Élise commença à poser des questions dans la ville, réveillant des souvenirs oubliés. Elle rencontra une vieille femme du nom de Marguerite, qui avait été l'amie la plus proche de Claire. Marguerite se souvenait d'une nuit d'orage où Claire avait disparu. Elle l'avait vue quitter sa maison en hâte, emportant avec elle un vieux cahier de croquis.

Élise se rendit à la maison abandonnée de Claire, espérant trouver des indices. La vieille bâtisse était recouverte de lierre, mais elle parvint à entrer par une porte dérobée. À l'intérieur, elle découvrit des peintures inachevées de chats et un cahier de croquis poussiéreux.

Le cahier contenait des esquisses détaillées d'un jardin secret, avec des fontaines, des roses en fleurs et un mystérieux labyrinthe. Élise réalisa que c'était le projet secret de Claire, mais elle ne savait pas où trouver ce jardin.

Élise décida de faire appel à l'ensemble de la communauté pour aider à trouver le jardin secret de Claire. Les habitants se mobilisèrent, fouillant la ville et ses environs. Des groupes se formèrent, suivant les indices laissés dans le cahier de croquis.

Finalement, après des semaines de recherche, un groupe d'enfants découvrit une porte dissimulée derrière un buisson dans le parc de la ville. Ils la franchirent et entrèrent dans le jardin secret de Claire.

Le jardin était un véritable paradis, avec des roses de toutes les couleurs, des fontaines en marbre et un labyrinthe soigneusement entretenu. Au centre, se trouvait une statue de Claire en train de peindre des chats. Le jardin était caché du monde depuis des décennies.

L'homme mystérieux, qui s'était avéré s'appeler François, fut conduit au jardin secret. Quand il vit la statue de Claire, des larmes coulèrent de ses yeux. Il se rappela du dernier jour où il avait vu Claire ici, alors qu'elle peignait la statue.

François révéla la vérité. Claire avait disparu pour protéger le jardin secret qu'elle avait créé pour la ville. Elle craignait qu'il ne soit détruit par des promoteurs immobiliers avides. Elle avait choisi de s'effacer de la mémoire de la ville pour protéger son œuvre.

La communauté décida de restaurer le jardin secret en l'honneur de Claire. Le jardin devint un lieu de rencontre pour les artistes et les amoureux de la nature, un véritable trésor pour la ville.

Et ainsi, les mystères de la rue Saint-Jacques furent résolus, grâce à la détermination d'Élise et à la persévérance de François. Le jardin secret de Claire fut sauvé, et son héritage artistique perdura pour les générations futures.

The Mysteries of Saint-Jacques Street

In the peaceful town of Saint-Jacques-sur-Mer, everything seemed normal. The cobbled streets were lined with houses with blue shutters, the residents greeted each other warmly, and life flowed calmly. However, beneath this idyllic facade lay mysterious secrets.

At the heart of this small community lived Elise Dupont, a woman in her fifties with a warm smile. Elise owned the town's most popular cafe, "Le Coin du Bonheur." Every morning, she opened the doors of her establishment and welcomed her customers with hot coffee and freshly baked pastries.

One sunny day, as Elise was cleaning the cafe's tables, a mysterious stranger entered. He was dressed in a long dark coat and wore a hat that obscured his face. He sat at a secluded table, casting furtive glances around him.

Elise approached gently and greeted him with a soft voice, "Welcome to Le Coin du Bonheur. What can I serve you today?"

The stranger slowly lifted his hat, revealing a weathered face. "A black coffee, please," he murmured in a deep voice.

Elise brought him the coffee and noticed a hint of sadness in the man's eyes. "You seem troubled. Is there something wrong?" she asked with empathy.

The man hesitated for a moment, then opened up. "I'm looking for someone, an old friend I lost touch with many years ago. Her name is Claire. She used to live in this town."

Elise furrowed her brow, thinking of all the Claires she knew in the town. "Can you provide me with more information about her? Perhaps I can help you."

The man offered a grateful smile. He shared memories of Claire, describing her passion for painting and her fondness for cats. He also mentioned that she had lived near the old church in town.

Elise decided to assist the man in finding his long-lost friend. She headed to the old church, hoping to find some clues. Inside, she discovered magnificent mural paintings, some dating back centuries. One of them depicted a woman painting a picture of cats playing in a sunny courtyard.

This matched Claire's description. Elise resolved to continue her investigation and went to the town hall to search through local records. She pored over dusty registers, combed through old newspapers, and questioned longtime residents of the town.

Slowly, details began to emerge. Claire had been a talented artist, loved and respected by all. She had disappeared without a trace over twenty years ago. Some people remembered her speaking about a secret project, something grand, but no one knew what it was.

Elise had a hunch that Claire's disappearance was tied to this mysterious project. She vowed to uncover the truth.

Elise began asking questions throughout the town, stirring up forgotten memories. She met an elderly woman named Marguerite, who had been Claire's closest friend. Marguerite recalled a stormy night when Claire had vanished. She had seen her leave her house in haste, clutching an old sketchbook.

Elise went to Claire's abandoned house, hoping to find some clues. The old building was covered in ivy, but she managed to enter through a back door. Inside, she discovered unfinished paintings of cats and a dusty sketchbook.

The sketchbook contained detailed sketches of a secret garden, with fountains, blooming roses, and a mysterious labyrinth. Elise realized that this was Claire's secret project, but she didn't know where to find this garden.

Elise decided to rally the entire community to help locate Claire's secret garden. The townsfolk mobilized, scouring the town and its surroundings. Groups formed, following the clues left in the sketchbook.

Finally, after weeks of searching, a group of children stumbled upon a hidden door behind a bush in the town's park. They entered and found Claire's secret garden.

The garden was a true paradise, with roses of every color, marble fountains, and a meticulously maintained labyrinth. In the center stood a statue of Claire painting cats. The garden had been hidden from the world for decades.

The mysterious man, who turned out to be named Francois, was led to the secret garden. When he saw Claire's statue, tears welled up in his eyes. He recalled the last day he had seen Claire here, as she painted the statue.

Francois revealed the truth. Claire had disappeared to protect the secret garden she had created for the town. She feared it would be destroyed by greedy property developers. She had chosen to erase herself from the town's memory to safeguard her work.

The community decided to restore Claire's secret garden in her honor. The garden became a meeting place for artists and nature lovers, a true treasure for the town.

And so, the mysteries of Saint-Jacques Street were solved, thanks to Elise's determination and Francois's perseverance. Claire's secret garden was saved, and her artistic legacy lived on for generations to come.

Les Aventures de Madame Gabrielle

Madame Gabrielle était une dame âgée d'une soixantaine d'années qui vivait dans un petit appartement au cœur de la vieille ville de Montchamp. Elle était connue de tous les habitants pour sa gentillesse et sa curiosité insatiable.

Un matin ensoleillé, alors qu'elle rangeait ses vieux livres, Madame Gabrielle découvrit une lettre soigneusement cachée dans un vieux tiroir en bois. La lettre était jaunie par le temps et portait l'encre d'une écriture élégante.

Intriguée, Madame Gabrielle prit la lettre et commença à la lire. Elle était écrite par une femme du nom d'Isabelle, qui avait vécu dans l'appartement de Madame Gabrielle il y a de nombreuses années. Isabelle racontait ses aventures et ses rêves, mais la lettre se terminait de manière énigmatique, avec une promesse de révéler un secret.

Madame Gabrielle se demanda quel secret pouvait bien être caché dans cette lettre. Elle décida de mener son enquête pour découvrir l'histoire d'Isabelle et le mystère qui entourait cette lettre.

Madame Gabrielle commença par interroger les voisins et les résidents plus âgés de la rue. Elle découvrit qu'Isabelle avait été une femme pleine de vie, connue pour ses histoires fascinantes et son amour pour les chats. On racontait qu'elle avait disparu soudainement il y a des décennies, laissant derrière elle une grande énigme.

Le nom d'Isabelle était encore prononcé avec respect et curiosité dans la vieille ville de Montchamp. On disait qu'elle avait eu une vie pleine de voyages et d'aventures, mais personne ne savait où elle était partie ni ce qu'elle avait emporté avec elle.

Madame Gabrielle décida de fouiller l'appartement à la recherche de nouveaux indices. Elle découvrit un vieux journal intime d'Isabelle, rempli de détails sur ses voyages à travers le monde. Elle y lisait les récits de ses escapades exotiques, ses rencontres avec des personnages énigmatiques et ses découvertes de trésors cachés.

À mesure que Madame Gabrielle lisait le journal intime d'Isabelle, elle devint obsédée par l'idée de trouver le trésor dont parlait la lettre. Elle suivit les indices laissés par Isabelle dans ses écrits, traçant son voyage à travers les continents.

Le journal parlait d'un mystérieux pendentif en argent orné d'une émeraude rare, que Isabelle avait découvert dans une petite boutique à Istanbul. Madame Gabrielle décida de partir à la recherche de ce précieux objet, convaincue qu'il pourrait la mener vers le trésor caché.

Elle prépara son voyage, rassembla des cartes, des guides de voyage et fit des recherches sur Istanbul. Elle avait l'impression de suivre les traces d'Isabelle à travers les ruelles étroites de la vieille ville.

Madame Gabrielle arriva à Istanbul avec l'excitation d'une aventurière en quête de trésor. Elle commença à explorer les marchés animés et les boutiques anciennes de la ville. Elle rencontra des marchands de bijoux, des artisans talentueux et des habitants accueillants.

Après des jours de recherche, elle découvrit enfin une petite boutique hors des sentiers battus, où un vieux bijoutier lui montra un pendentif en argent orné d'une émeraude resplendissante.

Le bijoutier raconta l'histoire du pendentif, affirmant qu'il avait été fabriqué par un artisan renommé il y a de nombreuses années. Il avait été vendu à une cliente mystérieuse qui avait disparu sans laisser de trace. Cette cliente correspondait à la description d'Isabelle.

Madame Gabrielle, émue, acheta le pendentif et décida de poursuivre sa quête à la recherche du trésor.

À mesure que Madame Gabrielle poursuivait son voyage, elle suivait les autres indices laissés par Isabelle dans son journal intime. Elle se rendit dans des endroits exotiques, escalada des montagnes, traversa des déserts, et chaque nouvelle étape la rapprochait du mystérieux trésor.

Finalement, elle arriva dans une petite île isolée en Méditerranée, où Isabelle avait passé du temps avant sa disparition. Là, elle découvrit une grotte cachée, qui correspondait aux descriptions d'Isabelle.

Dans la grotte, Madame Gabrielle trouva un coffre en bois ancien. Elle l'ouvrit avec précaution et découvrit un trésor étincelant de bijoux, de pièces anciennes et de reliques exotiques. Au sommet de ce trésor se trouvait une lettre adressée à Madame Gabrielle.

La lettre expliquait que le véritable trésor était la découverte du voyage lui-même, des expériences et des rencontres inoubliables. Isabelle avait laissé derrière elle ce trésor pour quiconque serait assez curieux pour le chercher.

Madame Gabrielle était émue par cette révélation. Elle comprenait maintenant que le trésor n'était pas seulement matériel, mais aussi une aventure extraordinaire qui avait enrichi sa vie.

Madame Gabrielle décida de rentrer chez elle, ramenant avec elle le pendentif en argent et la lettre d'Isabelle. Elle avait trouvé le trésor dont elle avait rêvé, mais elle avait aussi appris l'importance de la curiosité et de l'aventure dans la vie.

De retour à Montchamp, elle partagea son voyage avec les habitants de la vieille ville. Les récits d'Isabelle et les trésors qu'elle avait découverts inspirèrent les gens à explorer le monde et à embrasser leur propre curiosité.

Madame Gabrielle conserva précieusement la lettre et le pendentif en argent, rappelant l'histoire extraordinaire d'Isabelle et l'incroyable aventure qu'elle avait vécue.

The Adventures of Madame Gabrielle

Madame Gabrielle was a woman in her sixties who lived in a small apartment in the heart of the old town of Montchamp. She was known to all the residents for her kindness and insatiable curiosity.

One sunny morning, as she was tidying up her old books, Madame Gabrielle discovered a letter carefully hidden in an old wooden drawer. The letter was yellowed with age and bore the ink of elegant handwriting.

Intrigued, Madame Gabrielle picked up the letter and began to read. It was written by a woman named Isabelle, who had lived in Madame Gabrielle's apartment many years ago. Isabelle recounted her adventures and dreams, but the letter ended enigmatically, with a promise to reveal a secret.

Madame Gabrielle wondered what secret could be hidden in this letter. She decided to investigate to uncover Isabelle's story and the mystery surrounding this letter.

Madame Gabrielle began by questioning the neighbors and older residents of the street. She discovered that Isabelle had been a lively woman, known for her fascinating stories and her love for cats. It was said that she had disappeared suddenly decades ago, leaving behind a great mystery.

The name Isabelle was still spoken with respect and curiosity in the old town of Montchamp. It was said that she had led a life full of travels and adventures, but no one knew where she had gone or what she had taken with her.

Madame Gabrielle decided to search the apartment for new clues. She found an old diary of Isabelle's, filled with details about her travels around the world. She read about Isabelle's exotic escapades, her encounters with enigmatic characters, and her discoveries of hidden treasures.

As Madame Gabrielle read Isabelle's diary, she became obsessed with the idea of finding the treasure mentioned in the letter. She followed the clues left by Isabelle in her writings, tracing her journey across continents.

The diary mentioned a mysterious silver pendant adorned with a rare emerald that Isabelle had discovered in a small shop in Istanbul. Madame Gabrielle decided to embark on a quest to find this precious object, convinced that it might lead her to the hidden treasure.

She prepared for her journey, gathering maps, travel guides, and conducting research on Istanbul. She felt as though she were following in Isabelle's footsteps through the narrow streets of the old town.

Madame Gabrielle arrived in Istanbul with the excitement of an adventurer in search of treasure. She began exploring the bustling markets and ancient shops of the city. She met jewelry merchants, skilled artisans, and welcoming locals.

After days of searching, she finally discovered a small shop off the beaten path, where an elderly jeweler showed her a silver pendant adorned with a resplendent emerald.

The jeweler recounted the history of the pendant, claiming it had been crafted by a renowned artisan many years ago. It had been sold to a mysterious customer who had disappeared without a trace. This customer matched Isabelle's description.

Touched, Madame Gabrielle purchased the pendant and decided to continue her quest to find the treasure.

As Madame Gabrielle continued her journey, she followed the other clues left by Isabelle in her diary. She visited exotic locations, climbed mountains, crossed deserts, and each new step brought her closer to the mysterious treasure.

Finally, she arrived on a remote island in the Mediterranean, where Isabelle had spent time before her disappearance. There, she discovered a hidden cave that matched Isabelle's descriptions.

In the cave, Madame Gabrielle found an ancient wooden chest. She opened it carefully and discovered a sparkling treasure trove of jewelry, ancient coins, and exotic relics. At the top of this treasure was a letter addressed to Madame Gabrielle.

The letter explained that the real treasure was the discovery of the journey itself, the experiences, and the unforgettable encounters. Isabelle had left behind this treasure for anyone curious enough to seek it.

Madame Gabrielle was moved by this revelation. She now understood that the treasure was not only material but also an extraordinary adventure that had enriched her life.

Madame Gabrielle decided to return home, bringing with her the silver pendant and Isabelle's letter. She had found the treasure she had dreamt of, but she had also learned the importance of curiosity and adventure in life.

Back in Montchamp, she shared her journey with the residents of the old town. Isabelle's stories and the treasures she had discovered inspired people to explore the world and embrace their own curiosity.

Madame Gabrielle treasured the letter and the silver pendant, a reminder of Isabelle's extraordinary story and the incredible adventure she had lived.

Les Enquêtes de Monsieur Dupont

———

Monsieur Albert Dupont avait toujours eu un flair pour les énigmes. Depuis son plus jeune âge, il avait été fasciné par les mystères de la vie. C'est pourquoi il était devenu détective privé, résolvant d'innombrables cas pour ses clients au fil des ans. Mais maintenant, à l'aube de ses soixante-dix ans, il avait décidé de prendre sa retraite.

Il avait vendu son agence de détective et s'était installé dans une petite maison en bord de mer, loin de l'agitation de la ville. Il passait ses journées à pêcher, à lire des romans policiers et à observer les oiseaux. La vie était paisible, mais quelque chose lui manquait.

Un jour, alors qu'il pêchait sur la côte rocheuse, il trouva une bouteille en verre échouée sur le rivage. À l'intérieur, il découvrit un message écrit à la main, plein de détresse. C'était une lettre d'une femme nommée Élise, qui implorait de l'aide pour résoudre un mystère qui menaçait sa famille.

Le sens de l'aventure et du devoir de Monsieur Dupont se réveilla en un instant. Il décida de venir en aide à Élise et de reprendre du service en tant que détective à la retraite.

Élise avait écrit dans sa lettre qu'elle vivait dans un vieux manoir isolé en bord de mer, réputé hanté depuis des générations. La famille d'Élise avait été aux prises avec d'étranges phénomènes :

des bruits étranges la nuit, des objets qui disparaissaient, et une atmosphère générale de malaise.

Monsieur Dupont arriva au manoir un après-midi ensoleillé. Le bâtiment était majestueux mais avait besoin d'être restauré. Élise, une femme d'une cinquantaine d'années au visage fatigué, l'accueillit avec gratitude.

Elle lui expliqua les étranges événements qui se déroulaient dans la maison et le supplia de découvrir la vérité derrière ces phénomènes. Monsieur Dupont sourit, ravi de plonger dans une nouvelle enquête.

Monsieur Dupont décida de passer sa première nuit au manoir pour observer les événements paranormaux de ses propres yeux. Il s'installa dans une vieille chambre à coucher, équipé d'un carnet, d'une lampe de poche et d'une loupe.

La nuit tomba, et le manoir semblait s'endormir dans une atmosphère oppressante. Soudain, des bruits étranges résonnèrent dans les couloirs sombres, des chuchotements, des pas feutrés, et même des rires étouffés.

Monsieur Dupont se leva de son lit et commença à explorer la maison. Il fouilla chaque pièce, observant des ombres étranges, des portes qui se fermaient d'elles-mêmes et des courants d'air inexplicables.

Au matin, il réunit Élise et les membres de sa famille pour discuter de ses découvertes. Il leur expliqua que les phénomènes paranormaux semblaient être le résultat de mécanismes cachés dans la maison, conçus pour effrayer les gens et les décourager de vivre au manoir.

Monsieur Dupont se lança dans une enquête approfondie pour identifier le saboteur qui avait créé ces phénomènes paranormaux. Il interrogea les membres de la famille, étudia les plans de la maison et scruta chaque recoin du manoir.

Finalement, il découvrit un passage secret dissimulé derrière une bibliothèque dans le bureau du patriarche de la famille. Ce passage menait à une pièce cachée où étaient entreposés des appareils électroniques sophistiqués, des haut-parleurs et des mécanismes d'ouverture de porte à distance.

Monsieur Dupont comprit que le saboteur avait utilisé ces dispositifs pour créer les phénomènes étranges qui avaient tourmenté la famille. Il rassembla tous les membres de la famille et démasqua le coupable : le fils cadet, Pierre.

Pierre avoua sa culpabilité, expliquant qu'il avait orchestré cette farce pour essayer de convaincre sa famille de vendre le manoir, qu'il considérait comme un fardeau financier. Il s'excusa auprès de sa famille et promit de rembourser les dépenses engagées pour les mécanismes.

Avec l'énigme résolue et le saboteur démasqué, le manoir retrouva enfin sa sérénité. La famille d'Élise remercia chaleureusement Monsieur Dupont pour son aide précieuse. Ils décidèrent de restaurer la vieille demeure et de la transformer en une maison de vacances accueillante.

Monsieur Dupont, quant à lui, retourna à sa paisible retraite en bord de mer, satisfait d'avoir apporté la clarté dans cette affaire. Il continua à pêcher, à lire des romans policiers et à observer les oiseaux, mais il savait maintenant que son sens inné de l'enquête ne disparaîtrait jamais complètement.

The Adventures of Mr. Dupont

Mr. Albert Dupont had always had a knack for mysteries. From a young age, he had been fascinated by life's puzzles. That's why he became a private detective, solving countless cases for his clients over the years. But now, on the cusp of his seventieth birthday, he had decided to retire.

He had sold his detective agency and settled in a small seaside cottage, far away from the city's hustle and bustle. His days were spent fishing, reading detective novels, and bird-watching. Life was peaceful, but something was missing.

One sunny morning, while fishing on the rocky coast, he found a glass bottle washed ashore. Inside, he discovered a handwritten message, full of distress. It was a letter from a woman named Elise, pleading for help in solving a mystery that threatened her family.

Mr. Dupont's sense of adventure and duty awakened in an instant. He decided to come to Elise's aid and return to service as a retired detective.

Elise had written in her letter that she lived in an old, isolated seaside manor, reputed to be haunted for generations. Elise's family had been experiencing strange phenomena: eerie noises at night, disappearing objects, and an overall atmosphere of unease.

Mr. Dupont arrived at the manor one sunny afternoon. The building was majestic but in need of restoration. Elise, a woman in her fifties with a tired face, welcomed him with gratitude.

She explained the strange events happening in the house and implored him to uncover the truth behind these occurrences. Mr. Dupont smiled, delighted to dive into a new investigation.

Mr. Dupont decided to spend his first night in the manor to observe the paranormal events with his own eyes. He settled into an old bedroom, equipped with a notebook, a flashlight, and a magnifying glass.

Night fell, and the manor seemed to fall into an oppressive atmosphere. Suddenly, strange sounds echoed in the dark hallways: whispers, muted footsteps, and even stifled laughter.

Mr. Dupont rose from his bed and began to explore the house. He searched every room, observing strange shadows, doors closing on their own, and inexplicable drafts.

By morning, he gathered Elise and her family to discuss his findings. He explained to them that the paranormal phenomena appeared to be the result of hidden mechanisms within the house, designed to frighten people and discourage them from living in the manor.

Mr. Dupont embarked on an in-depth investigation to identify the saboteur who had created these paranormal phenomena. He questioned family members, studied the house's plans, and scrutinized every corner of the manor.

Finally, he discovered a hidden passage behind a bookshelf in the patriarch's office. This passage led to a secret room where sophisticated electronic devices, speakers, and remote-controlled door mechanisms were stored.

Mr. Dupont realized that the saboteur had used these devices to create the strange phenomena that had tormented the family. He gathered all the family members and unmasked the culprit: the youngest son, Pierre.

Pierre confessed to his guilt, explaining that he had orchestrated this hoax to try to convince his family to sell the manor, which he considered a financial burden. He apologized to his family and promised to repay the expenses incurred for the devices.

With the mystery solved and the saboteur unmasked, the manor finally regained its serenity. Elise's family thanked Mr. Dupont warmly for his invaluable help. They decided to restore the old mansion and transform it into a welcoming vacation home.

Mr. Dupont, on the other hand, returned to his peaceful seaside retirement, satisfied with bringing clarity to this case. He continued to fish, read detective novels, and watch birds, but he now knew that his innate sense of investigation would never completely disappear.

Les Mots Magiques

Au cœur de la vieille ville de Montchamp, il y avait une librairie tout à fait extraordinaire. La Librairie Merveilleuse était connue de tous les habitants pour sa magie particulière. On racontait que les livres qui s'y trouvaient avaient le pouvoir de réaliser les rêves de ceux qui les lisaient.

Le propriétaire de la librairie, Monsieur Lucien, était un homme chaleureux et bienveillant. Il avait hérité du magasin de son grand-père et y consacrait sa vie. Chaque matin, il ouvrait les portes de la librairie avec un sourire accueillant, prêt à accueillir les lecteurs curieux.

Un jour, une jeune femme nommée Amélie entra dans la librairie. Elle était une habituée des lieux, mais ce jour-là, elle avait une lueur particulière dans les yeux. Elle se dirigea directement vers Monsieur Lucien.

"J'ai entendu parler des mots magiques", dit-elle avec excitation. "Est-ce que vous pourriez m'en dire plus ?"

Monsieur Lucien hocha la tête avec un sourire. "Bien sûr, ma chère. Les mots magiques sont des livres très spéciaux que l'on trouve ici. Ils ont le pouvoir de réaliser un souhait, mais pour cela, il faut les lire avec une intention pure et sincère."

Amélie était intriguée. Elle demanda à Monsieur Lucien de lui montrer les mots magiques disponibles. Il la conduisit à une petite section de la librairie où les livres étaient soigneusement rangés. Chacun d'eux avait une couverture ornée de motifs mystérieux.

Amélie parcourut les étagères, hésitant entre les différents titres. Elle finit par choisir un livre intitulé "Le Jardin des Possibilités". La couverture était ornée de fleurs chatoyantes et d'oiseaux en vol.

Monsieur Lucien sourit en approuvant son choix. "C'est un excellent livre, ma chère. Maintenant, rappelez-vous, pour que les mots magiques fonctionnent, lisez-les avec un cœur pur et un esprit ouvert."

Amélie remercia Monsieur Lucien et quitta la librairie avec son livre précieux. Chez elle, elle s'installa confortablement dans un fauteuil, ouvrit le livre et commença à lire. Les mots semblaient s'animer sous ses yeux, formant des images dans son esprit.

Le livre "Le Jardin des Possibilités" racontait l'histoire d'une jeune femme nommée Clara, qui découvrait un jardin secret caché derrière sa maison. Ce jardin était unique en son genre, car il avait le pouvoir de faire fleurir les rêves les plus chers de celui qui y entrait.

Au fil des pages, Amélie s'immergea dans l'histoire captivante de Clara et de son jardin magique. Elle sentit le lien entre le jardin et les rêves de Clara devenir de plus en plus fort.

À la fin du livre, Amélie ferma les yeux, prit une profonde inspiration, et murmura un vœu silencieux. Elle souhaitait trouver le courage de poursuivre sa passion pour la peinture et de devenir une artiste accomplie.

Le lendemain matin, quelque chose d'extraordinaire se produisit. Amélie se réveilla avec une sensation d'excitation et de détermination. Elle se leva de son lit, se dirigea vers son atelier de peinture, et commença à créer avec une énergie nouvelle.

Ses pinceaux glissaient sur la toile avec une aisance étonnante, et les couleurs semblaient s'harmoniser d'elles-mêmes. Amélie peignit un magnifique jardin avec des fleurs chatoyantes, des oiseaux en vol, et une aura de magie.

Les semaines qui suivirent, Amélie se consacra entièrement à sa passion pour la peinture. Elle commença à exposer ses œuvres dans une petite galerie locale, où elles furent accueillies avec enthousiasme par les visiteurs. Son talent artistique éclatait dans chaque tableau, comme si le jardin magique était devenu réalité à travers ses créations.

La renommée d'Amélie en tant qu'artiste grandissait chaque jour. Ses tableaux étaient recherchés par des collectionneurs du monde entier, et elle avait maintenant la possibilité de vivre de sa passion. Elle remerciait souvent "Le Jardin des Possibilités" pour avoir réalisé son vœu le plus cher.

Un matin, Amélie retourna à la Librairie Merveilleuse pour remercier Monsieur Lucien pour le livre magique qui avait transformé sa vie. Elle lui raconta tout ce qui s'était passé depuis qu'elle avait lu "Le Jardin des Possibilités".

Monsieur Lucien écouta attentivement, puis sourit. "Ma chère, c'est merveilleux de voir comment les mots magiques ont enrichi votre vie. Mais souvenez-vous, le pouvoir réside toujours en vous.

Les mots magiques ne sont qu'un catalyseur pour réveiller vos rêves les plus profonds."

Amélie hocha la tête avec gratitude. Elle savait que le jardin magique de son cœur avait été réveillé par la magie des mots et qu'elle devait continuer à le cultiver.

The Magical Words

In the heart of the old town of Montchamp, there was an utterly extraordinary bookstore. The Wondrous Bookstore was known to all the residents for its particular magic. It was said that the books found there had the power to make the dreams of those who read them come true.

The owner of the bookstore, Mr. Lucien, was a warm and kind-hearted man. He had inherited the store from his grandfather and devoted his life to it. Every morning, he opened the doors of the bookstore with a welcoming smile, ready to greet curious readers.

One day, a young woman named Amelie entered the bookstore. She was a regular visitor, but that day, she had a special gleam in her eyes. She went straight to Mr. Lucien.

"I've heard about the magical words," she said with excitement. "Could you tell me more?"

Mr. Lucien nodded with a smile. "Of course, my dear. The magical words are very special books that you can find here. They have the power to grant a wish, but to make it work, you must read them with a pure and sincere heart."

Amelie was intrigued. She asked Mr. Lucien to show her the available magical words. He led her to a small section of the bookstore where the books were carefully arranged. Each of them had a cover adorned with mysterious patterns.

Amelie browsed the shelves, hesitating between different titles. She eventually chose a book titled "The Garden of Possibilities." The cover was adorned with shimmering flowers and soaring birds.

Mr. Lucien smiled in approval of her choice. "It's an excellent book, my dear. Now, remember, for the magical words to work, read them with a pure heart and an open mind."

Amelie thanked Mr. Lucien and left the bookstore with her precious book. At home, she settled comfortably in an armchair, opened the book, and began to read. The words seemed to come alive before her eyes, forming images in her mind.

The book "The Garden of Possibilities" told the story of a young woman named Clara, who discovered a secret garden hidden behind her house. This garden was like no other, for it had the power to make the dearest dreams of those who entered it come true.

As the pages turned, Amelie became immersed in the captivating story of Clara and her magical garden. She felt a deep connection between the garden and Clara's dreams growing stronger.

At the end of the book, Amelie closed her eyes, took a deep breath, and whispered a silent wish. She wished to find the courage to pursue her passion for painting and become a accomplished artist.

The next morning, something extraordinary happened. Amelie woke up with a sense of excitement and determination. She got out of bed, headed to her painting studio, and began to create with renewed energy.

Her brushes glided across the canvas with astonishing ease, and colors seemed to harmonize on their own. Amelie painted a magnificent garden with vibrant flowers, soaring birds, and an aura of magic.

In the weeks that followed, Amelie devoted herself entirely to her passion for painting. She began exhibiting her works in a small local gallery, where they were enthusiastically embraced by visitors. Her artistic talent shone in every painting, as if the magical garden had come to life through her creations.

Amelie's fame as an artist grew with each passing day. Her paintings were sought after by collectors from around the world, and she now had the opportunity to make a living from her passion. She often thanked "The Garden of Possibilities" for granting her dearest wish.

One morning, Amelie returned to the Wondrous Bookstore to thank Mr. Lucien for the magical book that had transformed her life. She told him everything that had happened since she had read "The Garden of Possibilities."

Mr. Lucien listened attentively, then smiled. "My dear, it's wonderful to see how the magical words have enriched your life. But remember, the power always resides within you. The magical words are just a catalyst to awaken your deepest dreams."

Amelie nodded with gratitude. She knew that the magical garden in her heart had been awakened by the power of the words and that she must continue to nurture it.

Le Café des Petits Miracles

Au cœur de la ville pittoresque de Saint-Étienne, il y avait un café bien connu des habitants, mais aussi entouré de mystère. Le Café des Petits Miracles était un endroit où les gens venaient pour prendre leur café du matin, mais aussi pour découvrir les petits miracles de la vie quotidienne.

Le propriétaire du café, Monsieur Henri, était un homme aimable et plein de sagesse. Il avait un don particulier pour écouter les histoires des gens et pour leur offrir des conseils réconfortants. Chaque matin, il préparait le café le plus délicieux de la ville et attendait que les clients entrent, prêts à partager leurs joies et leurs soucis.

Un jour, une jeune femme nommée Sophie entra dans le café. Elle était nouvelle en ville et se sentait un peu perdue. Elle s'assit au comptoir, commanda un café, et se mit à feuilleter un vieux journal.

Monsieur Henri s'approcha d'elle avec un sourire bienveillant. "Bienvenue, mademoiselle. Je peux vous offrir quelque chose de spécial aujourd'hui ? Peut-être un petit miracle pour éclairer votre journée ?"

Sophie leva les yeux, curieuse. "Un petit miracle ? Que voulez-vous dire ?"

Monsieur Henri posa une tasse de café devant Sophie. "Vous voyez, mademoiselle, ce café est spécial. Il a le pouvoir de révéler un petit miracle à ceux qui le boivent. Il suffit de prendre une gorgée et de penser à quelque chose de merveilleux que vous aimeriez voir se réaliser."

Sophie regarda la tasse de café avec scepticisme, mais aussi avec une lueur d'espoir dans les yeux. Elle prit une gorgée, ferma les yeux, et pensa à un rêve qu'elle avait depuis longtemps : trouver un nouvel ami dans cette ville étrangère.

Quand elle ouvrit les yeux, elle fut surprise de voir un jeune homme assis à côté d'elle au comptoir. Il sourit chaleureusement et dit : "Bonjour, je m'appelle Antoine. Vous êtes nouvelle en ville, n'est-ce pas ?"

Sophie était étonnée. Elle engagea la conversation avec Antoine, et ils découvrirent qu'ils avaient de nombreux intérêts communs. Une nouvelle amitié était née, exactement comme elle l'avait souhaité.

Au fil des semaines, Sophie devint une habituée du Café des Petits Miracles. Elle se lia d'amitié avec d'autres clients du café, chacun ayant sa propre histoire de petit miracle attribué à une tasse de café.

Il y avait Pierre, un écrivain en panne d'inspiration qui avait trouvé l'inspiration pour son prochain roman après avoir bu une gorgée de café magique. Il y avait aussi Marie, une musicienne qui avait retrouvé sa confiance en elle grâce à un petit miracle et avait finalement joué devant une salle comble.

Monsieur Henri écoutait ces histoires avec un sourire bienveillant. Il savait que le café n'était qu'un prétexte pour que les gens croient en la magie de la vie quotidienne.

Un jour, Sophie posa la question qui brûlait toutes les lèvres des clients du café. "Monsieur Henri, pouvez-vous nous dire la recette secrète de ce café magique ?"

Monsieur Henri rit doucement. "Ma chère, la vraie magie ne réside pas dans les ingrédients du café, mais dans la conviction que les miracles sont possibles. La recette secrète, c'est d'y croire de tout son cœur."

Sophie comprit la sagesse de ses paroles. Elle réalisa que les petits miracles n'étaient pas le résultat de potions magiques, mais le fruit de la foi et de l'espoir. Chaque jour, les clients du Café des Petits Miracles apportaient leurs rêves et leurs souhaits, et le café leur offrait un peu de magie pour éclairer leur chemin.

Au fil des années, Sophie vécut une vie remplie de petits miracles. Elle devint une artiste accomplie, Antoine devint son compagnon de vie, et le Café des Petits Miracles continua à être le lieu où les gens venaient chercher inspiration, réconfort, et une dose de magie quotidienne.

Monsieur Henri, quant à lui, continua à sourire et à servir son café spécial avec amour et bienveillance. Il savait que la magie était partout autour de nous, dans les rencontres fortuites, les sourires échangés, et les rêves qui se réalisent.

The Café of Little Miracles

In the heart of the picturesque town of Saint-Étienne, there was a well-known café among the locals, but also surrounded by mystery. The Café of Little Miracles was a place where people came for their morning coffee but also to discover the small miracles of everyday life.

The owner of the café, Mr. Henri, was a kind and wise man. He had a special gift for listening to people's stories and offering comforting advice. Every morning, he brewed the most delicious coffee in town and waited for customers to enter, ready to share their joys and concerns.

One day, a young woman named Sophie entered the café. She was new in town and felt a bit lost. She sat at the counter, ordered a coffee, and began flipping through an old newspaper.

Mr. Henri approached her with a benevolent smile. "Welcome, miss. Can I offer you something special today? Perhaps a little miracle to brighten your day?"

Sophie looked up, curious. "A little miracle? What do you mean?"

Mr. Henri placed a cup of coffee in front of Sophie. "You see, miss, this coffee is special. It has the power to reveal a little miracle to those who drink it. Just take a sip and think of something wonderful you'd like to see come true."

Sophie glanced skeptically at the coffee cup but also with a glimmer of hope in her eyes. She took a sip, closed her eyes, and thought of a dream she had had for a long time: to find a new friend in this foreign town.

When she opened her eyes, she was surprised to see a young man sitting next to her at the counter. He smiled warmly and said, "Hello, I'm Antoine. You're new in town, aren't you?"

Sophie was astonished. She struck up a conversation with Antoine, and they discovered they had many common interests. A new friendship was born, just as she had wished.

Over the weeks, Sophie became a regular at the Café of Little Miracles. She befriended other café patrons, each with their own story of a little miracle attributed to a cup of coffee.

There was Pierre, a writer in need of inspiration who found the spark for his next novel after sipping the magical coffee. There was also Marie, a musician who regained her self-confidence through a little miracle and eventually performed in front of a full house.

Mr. Henri listened to these stories with a benevolent smile. He knew that the coffee was just an excuse for people to believe in the magic of everyday life.

One day, Sophie asked the question that had been on everyone's lips at the café. "Mr. Henri, can you tell us the secret recipe for this magical coffee?"

Mr. Henri chuckled softly. "My dear, the real magic is not in the coffee's ingredients but in the belief that miracles are possible. The secret recipe is to believe with all your heart."

Sophie understood the wisdom of his words. She realized that little miracles were not the result of magical potions but the fruit of faith and hope. Every day, the customers of the Café of Little Miracles brought their dreams and wishes, and the coffee offered them a touch of magic to light their way.

Over the years, Sophie lived a life filled with little miracles. She became a successful artist, Antoine became her life companion, and the Café of Little Miracles continued to be the place where people came for inspiration, comfort, and a daily dose of magic.

Mr. Henri, on the other hand, continued to smile and serve his special coffee with love and benevolence. He knew that magic was all around us, in chance encounters, exchanged smiles, and dreams coming true.

L'Architecte de Rêves

Dans une petite ville paisible au bord de la mer, vivait un homme nommé Antoine Lambert. Antoine était un architecte, mais il n'était pas comme les autres. Il avait un don extraordinaire : il pouvait rêver en dessinant des plans.

Depuis son enfance, Antoine avait la capacité de fermer les yeux, de s'immerger dans un rêve, et de visualiser des bâtiments et des espaces d'une beauté incroyable. Il dessinait ces rêves avec un talent exceptionnel, créant des designs qui semblaient sortir tout droit de l'imaginaire.

C'était comme si Antoine avait une porte secrète vers un monde d'architecture infini, où chaque rêve devenait une réalité sur papier.

Un jour, un couple, Claire et Louis, se rendit au bureau d'Antoine. Ils avaient un rêve bien précis en tête : construire une maison unique en bord de mer, inspirée par la beauté du phare qui se dressait majestueusement sur la côte.

Antoine écouta attentivement leurs souhaits, puis ferma les yeux pour entrer dans son monde de rêve. Il se mit à dessiner avec passion, décrivant chaque détail de la maison qu'il visualisait. Les courbes gracieuses, les grandes fenêtres pour laisser entrer la lumière, et une tour qui rappelait le phare.

Lorsque Claire et Louis virent le plan qu'Antoine avait créé, leurs yeux s'illuminèrent d'admiration. C'était exactement ce qu'ils avaient imaginé, mais en mieux. Ils savaient que cet architecte avait le pouvoir de transformer leur rêve en réalité.

La construction de la maison du phare commença, et Antoine était toujours présent pour superviser chaque détail. Il avait un don pour choisir les matériaux parfaits, pour s'assurer que chaque courbe était parfaitement alignée, et pour créer une harmonie entre la maison et son environnement.

Le processus de construction était une aventure en soi. Antoine avait l'habitude de rêver de la maison chaque nuit, comme s'il la vivait avant même qu'elle ne soit terminée. Cela lui permettait de résoudre les problèmes potentiels et de faire des ajustements pour que la maison soit aussi parfaite que possible.

Pendant la construction, Claire et Louis étaient émerveillés par la passion d'Antoine pour son art. Ils savaient qu'ils avaient trouvé un architecte extraordinaire, quelqu'un capable de transformer des rêves en réalité.

Un jour, alors qu'Antoine se tenait sur le chantier de construction, il observa les ouvriers travailler avec dévouement. Il savait que la magie de la création ne résidait pas seulement dans ses rêves, mais aussi dans les mains qui les transformaient en réalité.

Il se souvint de son grand-père, un charpentier talentueux qui lui avait appris les rudiments de la construction. Antoine savait que c'était grâce à lui qu'il avait acquis son amour pour l'architecture et sa capacité unique à rêver en dessinant des plans.

Il sourit en pensant à son grand-père et ressentit une profonde gratitude pour les enseignements qu'il lui avait transmis. Il se promit de continuer à créer des espaces qui inspireraient les rêves des autres, tout comme son grand-père l'avait fait pour lui.

La maison du phare était enfin terminée, et c'était une merveille architecturale. Elle se dressait fièrement sur la côte, avec sa tour élégante qui rappelait le phare voisin. Les grandes fenêtres permettaient à la lumière de la mer d'inonder l'intérieur, créant une atmosphère magique.

Claire et Louis étaient aux anges. Ils savaient qu'ils habitaient désormais un lieu unique, une maison qui avait été conçue avec amour et passion par Antoine.

Pour célébrer la fin de ce projet extraordinaire, Antoine organisa une soirée spéciale dans la maison. Les murs résonnèrent de rires, de musique et de joie. Claire et Louis dansèrent sous la lumière des étoiles, entourés de leurs amis et de leur famille.

Antoine regarda la scène avec un sourire satisfait. Il avait réalisé un rêve de plus, non seulement en créant une maison magnifique, mais aussi en faisant de nouveaux amis qui partageaient son amour pour la beauté et la magie de la vie.

Au fil des années, Antoine continua à créer des œuvres architecturales exceptionnelles, chacune inspirée par les rêves de ses clients. Il avait compris que l'architecture n'était pas seulement une question de plans et de structures, mais aussi une forme d'art qui pouvait toucher les âmes.

Il partageait son don avec les jeunes architectes, les encourageant à croire en la magie de la création et à rêver en dessinant des plans.

Un jour, alors qu'il marchait sur la plage, Antoine ferma les yeux et laissa son esprit vagabonder. Il savait que les rêves étaient infinis, tout comme son pouvoir de les transformer en réalité.

The Dreaming Architect

In a peaceful seaside town, lived a man named Antoine Lambert. Antoine was an architect, but he was not like any other. He had an extraordinary gift: he could dream while drawing plans.

Since childhood, Antoine had the ability to close his eyes, immerse himself in a dream, and visualize buildings and spaces of incredible beauty. He would sketch these dreams with exceptional talent, creating designs that seemed to come straight from the imagination.

It was as if Antoine had a secret door to an infinite world of architecture, where every dream became a reality on paper.

One day, a couple, Claire and Louis, visited Antoine's office. They had a very specific dream in mind: to build a unique seaside house inspired by the beauty of the lighthouse that stood majestically on the coast.

Antoine listened carefully to their wishes, then closed his eyes to enter his world of dreams. He began to draw passionately, describing every detail of the house he envisioned. Graceful curves, large windows to let in the light, and a tower reminiscent of the lighthouse.

When Claire and Louis saw the plan that Antoine had created, their eyes lit up with admiration. It was exactly what they had imagined, but even better. They knew that this architect had the power to turn their dream into reality.

The construction of the lighthouse house began, and Antoine was always present to oversee every detail. He had a gift for choosing the perfect materials, ensuring that every curve was perfectly aligned, and creating harmony between the house and its surroundings.

The construction process was an adventure in itself. Antoine used to dream about the house every night, as if he were experiencing it even before it was completed. This allowed him to solve potential problems and make adjustments to make the house as perfect as possible.

During construction, Claire and Louis were amazed by Antoine's passion for his craft. They knew they had found an extraordinary architect, someone capable of turning dreams into reality.

One day, as Antoine stood on the construction site, he watched the workers laboring with dedication. He knew that the magic of creation lay not only in his dreams but also in the hands that turned them into reality.

He remembered his grandfather, a talented carpenter who had taught him the basics of construction. Antoine knew that it was thanks to him that he had developed his love for architecture and his unique ability to dream while drawing plans.

He smiled as he thought of his grandfather and felt profound gratitude for the lessons he had imparted. He promised himself that he would continue to create spaces that inspired others' dreams, just as his grandfather had done for him.

The lighthouse house was finally completed, and it was an architectural marvel. It stood proudly on the coast, with its elegant tower reminiscent of the neighboring lighthouse. Large windows allowed the light from the sea to flood the interior, creating a magical atmosphere.

Claire and Louis were overjoyed. They knew they now inhabited a unique place, a house that had been designed with love and passion by Antoine.

To celebrate the completion of this extraordinary project, Antoine organized a special evening in the house. The walls echoed with laughter, music, and joy. Claire and Louis danced under the starlight, surrounded by friends and family.

Antoine watched the scene with a satisfied smile. He had achieved another dream, not only by creating a beautiful house but also by making new friends who shared his love for the beauty and magic of life.

Over the years, Antoine continued to create exceptional architectural works, each inspired by the dreams of his clients. He had realized that architecture was not only about plans and structures but also a form of art that could touch the souls.

He shared his gift with young architects, encouraging them to believe in the magic of creation and to dream while drawing plans.

One day, as he walked on the beach, Antoine closed his eyes and let his mind wander. He knew that dreams were infinite, just like his power to turn them into reality.

Les Secrets du Jardin

Dans le charmant village de Saint-Éloi, au cœur de la campagne française, vivait une femme nommée Élise. Elle était une habituée des promenades solitaires à travers les ruelles pavées du village et le long des sentiers bordés de fleurs sauvages.

Un après-midi ensoleillé, alors qu'elle déambulait dans un coin reculé du village, Élise découvrit une vieille porte en fer forgé cachée derrière des buissons touffus. La porte semblait être là depuis des décennies, cachée du regard des villageois.

Intriguée, Élise s'approcha et tourna la poignée rouillée. La porte grinça en s'ouvrant, révélant un jardin enchanté qui semblait tout droit sorti d'un conte de fées.

Le jardin était un véritable paradis caché. Des roses aux couleurs vives s'épanouissaient sous le soleil, leurs parfums envoûtants emplissant l'air. Des arbres majestueux s'étendaient au-dessus, créant une ombre paisible. Des papillons aux ailes multicolores voletaient gracieusement.

Élise ne pouvait croire ses yeux. Ce jardin semblait figé dans le temps, préservé de l'agitation du monde extérieur. Elle se promena lentement dans les allées, admirant chaque fleur et chaque recoin de ce lieu magique.

Au bout du jardin, elle découvrit une petite maison de jardin, presque dissimulée sous une cascade de roses grimpantes. Elle s'approcha et poussa la porte, curieuse de voir ce qui se cachait à l'intérieur.

À l'intérieur de la petite maison, Élise trouva une pièce remplie d'étagères remplies de livres anciens. Mais ce n'était pas n'importe quels livres. Chacun d'entre eux semblait être lié à un rêve, à une histoire, à un désir profond.

Au milieu de la pièce, il y avait un livre particulièrement magnifique intitulé "Le Livre des Rêves." Il était orné de motifs dorés et semblait irradier une aura mystique.

Élise prit le livre entre ses mains tremblantes. Elle l'ouvrit et découvrit qu'il était rempli de pages vierges, chacune attendant d'être remplie de rêves. Une étrange sérénité l'envahit, et elle sut qu'elle devait inscrire son propre rêve dans ce livre spécial.

Élise s'assit à une table dans la petite maison de jardin, un stylo à la main, et commença à écrire. Elle raconta son rêve le plus cher : celui de trouver l'amour véritable, un amour qui serait aussi beau et éternel que les roses du jardin enchanté.

Elle écrivit avec passion, chaque mot semblant couler naturellement de sa plume. Quand elle eut fini, elle sentit que son rêve était désormais inscrit dans les pages du livre, prêt à se réaliser.

Élise visita le jardin enchanté tous les jours, découvrant de nouveaux coins de paradis à chaque visite. Elle rencontra aussi d'autres visiteurs du jardin, chacun ayant son propre rêve à inscrire dans le "Livre des Rêves."

Il y avait Jean, un artiste talentueux qui rêvait de peindre un chef-d'œuvre qui toucherait le cœur des gens. Il y avait aussi Marie, une mélodiste qui aspirait à composer une symphonie qui évoquerait l'âme de la nature.

Les jours passaient, et les rêves inscrits dans le livre semblaient prendre vie. Jean créa une œuvre d'art extraordinaire qui fut exposée dans les plus grandes galeries du monde. Marie composa une symphonie qui fut jouée par des orchestres prestigieux.

Un jour, Élise reçut une invitation à une fête dans le jardin enchanté. Elle arriva au crépuscule, lorsque le jardin était baigné d'une lumière dorée, créant une atmosphère féérique.

Elle fut accueillie par les amis qu'elle avait rencontrés dans le jardin. Jean et Marie étaient là, et ils semblaient rayonner de bonheur. Ils la prirent par la main et la conduisirent vers le centre du jardin, où se dressait un magnifique arbre centenaire.

Sous l'arbre, il y avait un homme qui semblait être sculpté dans la pierre, si noble et si beau qu'il semblait irréel. Il sourit à Élise, et son cœur bondit de joie. C'était l'homme de son rêve, son amour véritable.

Ils se dirent des mots doux, et leurs mains se rejoignirent, scellant ainsi leur amour. Le jardin enchanté avait réalisé le rêve le plus cher d'Élise, et elle savait qu'elle avait trouvé le bonheur pour l'éternité.

Le jardin enchanté continua d'accueillir ceux qui avaient besoin de réaliser leurs rêves les plus chers. Le "Livre des Rêves" restait ouvert, attendant que de nouvelles histoires y soient inscrites.

Élise et son amour véritable passèrent leur vie dans le jardin enchanté, entourés de beauté, d'amour, et de magie. Ils savaient que tant qu'il y aurait des rêves à réaliser, le jardin continuerait à prospérer.

The Secrets of the Garden

In the charming village of Saint-Éloi, nestled in the heart of the French countryside, lived a woman named Élise. She was a regular on solitary walks through the cobblestone streets of the village and along paths lined with wildflowers.

One sunny afternoon, as she wandered into a secluded corner of the village, Élise stumbled upon an old wrought-iron gate hidden behind thick bushes. The gate seemed to have been there for decades, concealed from the villagers' view.

Intrigued, Élise approached and turned the rusty handle. The gate creaked open, revealing an enchanted garden that seemed straight out of a fairy tale.

The garden was a true hidden paradise. Brightly colored roses blossomed under the sun, their intoxicating scents filling the air. Majestic trees stretched overhead, creating a peaceful shade. Multicolored butterflies gracefully fluttered about.

Élise couldn't believe her eyes. This garden appeared frozen in time, shielded from the hustle and bustle of the outside world. She strolled slowly along the paths, admiring every flower and every corner of this magical place.

At the end of the garden, she discovered a small garden house, almost concealed under a cascade of climbing roses. She approached and pushed the door open, curious to see what lay inside.

Inside the small garden house, Élise found a room filled with shelves laden with old books. But these were not just any books. Each one seemed connected to a dream, to a story, to a deep desire.

In the middle of the room, there was a particularly beautiful book titled "The Book of Dreams." It was adorned with golden patterns and seemed to radiate a mystical aura.

Élise picked up the book with trembling hands. She opened it and discovered that it was filled with blank pages, each one waiting to be filled with dreams. A strange serenity washed over her, and she knew she had to inscribe her own dream in this special book.

Élise sat at a table in the small garden house, a pen in hand, and began to write. She recounted her dearest dream: to find true love, a love as beautiful and eternal as the roses in the enchanted garden.

She wrote with passion, each word seeming to flow naturally from her pen. When she finished, she felt that her dream was now inscribed on the pages of the book, ready to come true.

Élise visited the enchanted garden every day, discovering new pockets of paradise with each visit. She also met other visitors to the garden, each with their own dream to inscribe in the "Book of Dreams."

There was Jean, a talented artist who dreamed of painting a masterpiece that would touch people's hearts. There was also

Marie, a composer who aspired to create a symphony that would evoke the soul of nature.

Days passed, and the dreams recorded in the book seemed to come to life. Jean created an extraordinary work of art that was exhibited in the world's most prestigious galleries. Marie composed a symphony that was performed by renowned orchestras.

One day, Élise received an invitation to a party in the enchanted garden. She arrived at dusk, when the garden was bathed in golden light, creating a fairy-tale atmosphere.

She was greeted by friends she had met in the garden. Jean and Marie were there, and they seemed to radiate happiness. They took her by the hand and led her to the center of the garden, where a magnificent centuries-old tree stood.

Under the tree, there was a man who seemed sculpted from stone, so noble and handsome that he seemed unreal. He smiled at Élise, and her heart leaped with joy. He was the man of her dream, her true love.

They exchanged sweet words, and their hands joined, sealing their love. The enchanted garden had fulfilled Élise's dearest dream, and she knew she had found happiness for eternity.

The enchanted garden continued to welcome those in need of realizing their dearest dreams. The "Book of Dreams" remained open, waiting for new stories to be inscribed within its pages.

Élise and her true love spent their lives in the enchanted garden, surrounded by beauty, love, and magic. They knew that as long as there were dreams to fulfill, the garden would continue to thrive.

L'Énigme de la Rue des Étoiles

Dans la paisible ville de Montmartre, vivait un homme nommé Lucien Dupont. Lucien n'était pas un détective professionnel, mais plutôt un amateur passionné par les mystères de la vie quotidienne. Sa petite librairie, "L'Étoile Mystérieuse," était le lieu de rencontre des amateurs d'énigmes et de curiosités.

Un jour d'automne, alors que Lucien rangeait les rayons de sa librairie, il découvrit une lettre mystérieuse glissée entre les pages d'un vieux roman policier. La lettre était sans adresse ni expéditeur, mais son contenu était intrigant.

La lettre parlait d'une rue mystérieuse, la "Rue des Étoiles," qui n'apparaissait sur aucune carte officielle de la ville. Le correspondant, dont l'identité restait inconnue, évoquait des événements étranges qui se seraient produits dans cette rue secrète, des phénomènes inexplicables et des ombres qui semblaient danser sous la lueur des étoiles.

Lucien ne pouvait résister à l'appel de l'énigme. Il décida de partir à la recherche de cette mystérieuse "Rue des Étoiles," espérant résoudre le mystère qui l'entourait.

Lucien commença sa quête en parcourant la ville, interrogeant les habitants et explorant les recoins les plus oubliés de Montmartre. Personne ne semblait connaître l'existence de cette rue énigmatique.

Alors qu'il commençait à douter de l'authenticité de la lettre, Lucien fit la rencontre d'une vieille dame nommée Marguerite. Elle vivait seule dans une petite maison à l'orée de la ville et était connue pour sa sagesse et sa connaissance des légendes urbaines.

Marguerite écouta attentivement l'histoire de la lettre et, après un moment de réflexion, lui dit : "La Rue des Étoiles est bien réelle, mon cher ami, mais elle n'apparaît que lorsque les étoiles brillent de manière particulièrement brillante dans le ciel nocturne. Vous devrez attendre la nuit pour la trouver."

Lucien passa les jours qui suivirent à préparer son expédition. Il se munit d'une boussole, d'une lampe de poche et d'un carnet pour noter ses découvertes. Puis, lors d'une nuit où les étoiles brillaient particulièrement, il se mit en route pour trouver la mystérieuse Rue des Étoiles.

Après de longues heures de marche dans l'obscurité, Lucien commença à douter de ses chances de succès. Mais soudain, alors qu'il tournait au coin d'une rue, il vit une lueur faible et argentée qui semblait venir d'au-delà des maisons.

Il s'approcha avec prudence et découvrit un passage étroit entre deux bâtiments. La lumière venait de là. Lucien prit son courage à deux mains et s'engagea sur le chemin.

La "Rue des Étoiles" était un endroit extraordinaire. Elle était bordée de petites maisons aux façades colorées, chacune avec une enseigne en forme d'étoile scintillante. Les étoiles semblaient être faites d'un matériau mystérieux qui brillait de sa propre lumière.

Lucien continua d'explorer la rue, fasciné par les détails étonnants. Il découvrit un café au nom énigmatique, "Le Café des Étoiles," où des habitants discutaient paisiblement autour de tables en bois gravées de symboles célestes.

Il rencontra un artiste qui peignait des tableaux inspirés par les étoiles et un musicien qui composait des mélodies en harmonie avec la nuit. Chaque habitant de la rue semblait lié à l'univers mystique des étoiles.

Lucien se lia d'amitié avec les habitants de la Rue des Étoiles et passa des nuits entières à écouter leurs histoires. Ils lui racontèrent des légendes sur l'origine de la rue et les mystères qu'elle renfermait.

Mais Lucien ne pouvait s'empêcher de se demander pourquoi cette rue était si secrète, pourquoi elle n'apparaissait que sous la lueur des étoiles. Il commença à enquêter sur les ombres qui semblaient danser sous la voûte céleste.

Au fur et à mesure de ses recherches, Lucien découvrit un ancien observatoire astronomique caché au bout de la rue. Là, il trouva des journaux, des notes et des télescopes abandonnés depuis des décennies.

Alors qu'il parcourait les notes poussiéreuses de l'observatoire, Lucien fit une découverte étonnante. Il apprit que la Rue des Étoiles avait été créée par un groupe d'astronomes passionnés, il y a de nombreuses années, pour célébrer la beauté du ciel nocturne.

L'observatoire avait été utilisé pour des études astronomiques avancées et pour observer les étoiles d'une manière unique. Les étoiles scintillantes de la rue n'étaient pas de simples décorations, mais de véritables objets célestes, créés par les astronomes pour rendre hommage à l'univers.

Lucien partagea cette révélation avec les habitants de la rue, qui étaient émus de découvrir l'histoire de leur chez-eux. La Rue des Étoiles n'était plus un mystère, mais un endroit encore plus spécial, une célébration de la beauté de l'univers.

Après avoir résolu l'énigme de la Rue des Étoiles, Lucien décida de retourner à sa librairie, "L'Étoile Mystérieuse," pour partager son histoire avec les habitants de Montmartre. Il avait appris que la vérité pouvait être plus étonnante que la fiction.

Lucien continua d'accueillir les curieux dans sa librairie, partageant les leçons de l'énigme de la Rue des Étoiles : que la vérité et la beauté peuvent être cachées juste sous nos yeux, attendant d'être découvertes par ceux qui osent chercher.

The Mystery of Star Street

In the peaceful town of Montmartre, lived a man named Lucien Dupont. Lucien was not a professional detective, but rather an enthusiast passionate about the mysteries of everyday life. His small bookstore, "The Mysterious Star," was the meeting place for mystery enthusiasts and curiosities.

One autumn day, as Lucien was organizing the shelves of his bookstore, he discovered a mysterious letter tucked between the pages of an old detective novel. The letter had no address or sender, but its content was intriguing.

The letter spoke of a mysterious street, the "Star Street," which did not appear on any official city map. The correspondent, whose identity remained unknown, mentioned strange events that had allegedly occurred on this secret street, inexplicable phenomena, and shadows that seemed to dance in the light of the stars.

Lucien couldn't resist the call of the mystery. He decided to embark on a quest to find this mysterious "Star Street," hoping to solve the enigma surrounding it.

Lucien began his quest by exploring the town, questioning the residents, and delving into the forgotten corners of Montmartre. No one seemed to know about the existence of this enigmatic street.

As he started to doubt the authenticity of the letter, Lucien met an elderly lady named Marguerite. She lived alone in a small house at the edge of town and was known for her wisdom and knowledge of urban legends.

Marguerite listened attentively to the story of the letter and, after a moment of reflection, told him, "Star Street is indeed real, my dear friend, but it only appears when the stars shine particularly brightly in the night sky. You will have to wait until nightfall to find it."

Lucien spent the following days preparing for his expedition. He equipped himself with a compass, a flashlight, and a notebook to record his discoveries. Then, on a night when the stars shone particularly bright, he set out to find the mysterious Star Street.

After hours of walking in the darkness, Lucien began to doubt his chances of success. But suddenly, as he turned a corner, he saw a faint silvery glow that seemed to come from beyond the houses.

He approached cautiously and discovered a narrow passage between two buildings. The light was coming from there. Lucien summoned his courage and ventured down the path.

"Star Street" was an extraordinary place. It was lined with small houses with colorful facades, each with a sign in the shape of a twinkling star. The stars appeared to be made of a mysterious material that radiated its own light.

Lucien continued to explore the street, fascinated by the astonishing details. He discovered a café with an enigmatic name, "The Café of the Stars," where residents conversed peacefully around wooden tables engraved with celestial symbols.

He met an artist who painted works inspired by the stars and a musician who composed melodies in harmony with the night. Each resident of the street seemed connected to the mystical universe of the stars.

Lucien befriended the residents of Star Street and spent entire nights listening to their stories. They told him legends about the street's origins and the mysteries it held.

But Lucien couldn't help but wonder why this street was so secretive, why it only appeared under the light of the stars. He began to investigate the shadows that seemed to dance beneath the celestial vault.

As he conducted his research, Lucien stumbled upon an old astronomical observatory hidden at the end of the street. There, he found journals, notes, and telescopes abandoned for decades.

As he perused the dusty notes of the observatory, Lucien made an astonishing discovery. He learned that Star Street had been created by a group of passionate astronomers many years ago to celebrate the beauty of the night sky.

The observatory had been used for advanced astronomical studies and for observing the stars in a unique way. The twinkling stars of the street were not mere decorations but actual celestial objects created by the astronomers to pay homage to the universe.

Lucien shared this revelation with the residents of the street, who were moved to learn the history of their home. Star Street was no longer a mystery but an even more special place, a celebration of the beauty of the cosmos.

After solving the mystery of Star Street, Lucien decided to return to his bookstore, "The Mysterious Star," to share his story with the residents of Montmartre. He had learned that truth could be more astonishing than fiction.

Lucien continued to welcome the curious into his bookstore, sharing the lessons from the enigma of Star Street: that truth and beauty can be hidden right before our eyes, waiting to be discovered by those who dare to seek.

Les Détours de la Vie

Dans la charmante ville de Provence, le soleil régnait en maître, et la vie s'écoulait paisiblement. C'est là que résidait Madeleine, une femme douce et rêveuse, qui possédait une petite librairie appelée "La Vie en Mots."

Un jour d'été, alors que Madeleine s'occupait de sa librairie, un homme entra, attiré par la vitrine remplie de livres anciens et de romans classiques. Cet homme, prénommé Philippe, était un voyageur passionné par la lecture et la découverte du monde.

Les regards de Madeleine et de Philippe se croisèrent, et il semblait que le destin avait tissé un lien invisible entre eux.

Madeleine et Philippe passèrent des heures à discuter de livres, d'histoires et de voyages. Ils partageaient une passion commune pour les mots, ces petites merveilles qui pouvaient transporter l'esprit vers des mondes lointains.

Chaque jour, Philippe venait à la librairie, et leur amitié grandissait. Ils se racontaient des anecdotes sur leur vie, sur les moments de joie et de peine, sur les rêves qui les habitaient.

Un après-midi, alors qu'ils parlaient de voyages, Philippe confia à Madeleine son rêve le plus cher : celui de parcourir la Route de la Soie, un ancien itinéraire commercial qui traversait l'Asie centrale et le Moyen-Orient.

Le rêve de Philippe était audacieux, mais il brûlait d'une passion inextinguible pour l'histoire et la culture des lieux traversés par la Route de la Soie. Il avait lu d'innombrables livres sur le sujet, mais il désirait ardemment voir de ses propres yeux les cités anciennes, les marchés animés et les oasis cachées.

Madeleine, en écoutant Philippe parler de son rêve, ressentit une profonde admiration pour sa détermination. Elle savait que les rêves étaient comme des livres, et que parfois, il fallait les vivre pour en comprendre toute la profondeur.

Après de longues discussions, Madeleine décida de soutenir Philippe dans la réalisation de son rêve. Elle savait que son amitié et son encouragement étaient des trésors inestimables.

Ils planifièrent le voyage ensemble, étudiant les itinéraires possibles, les visas, et les arrangements nécessaires. Philippe était excité, mais il était aussi conscient des défis qui l'attendaient sur la Route de la Soie, une région riche en histoire, mais parfois instable politiquement.

Le jour du départ arriva enfin. Madeleine accompagna Philippe à l'aéroport, et ils se promirent de rester en contact tout au long de son voyage. Elle lui offrit un livre spécial de sa librairie, un recueil de poèmes inspirants pour lui rappeler les beautés de la vie.

Philippe commença son périple sur la Route de la Soie, découvrant des paysages époustouflants, des bazars animés et des monuments historiques fascinants. Il rencontra des gens aux sourires chaleureux, des nomades hospitaliers, et des habitants de villes anciennes qui partageaient volontiers leur culture.

Chaque jour était une nouvelle aventure, chaque étape une découverte. Philippe se sentait en harmonie avec la vie, comme si chaque rencontre et chaque moment étaient destinés à être.

Au fil de son voyage, il envoya des lettres à Madeleine, décrivant ses expériences, partageant des anecdotes, et racontant les histoires qu'il avait entendues en cours de route. Ses mots voyageaient de l'autre côté du monde pour trouver refuge dans le cœur de son amie.

Madeleine lisait les lettres de Philippe avec une admiration croissante. Elle découvrait le monde à travers ses récits, vivant ses aventures par procuration. Elle réalisait que les rêves pouvaient s'exprimer de bien des façons, que le voyage était une forme de rêve en soi.

Les lettres de Philippe étaient empreintes de sagesse, de gratitude et de la profondeur que seul un voyageur pouvait ressentir. Il écrivait sur la beauté des déserts, la grandeur des montagnes et la richesse des traditions.

Après de nombreux mois d'exploration, Philippe revint chez lui à Montmartre. Son visage rayonnait de joie et de sérénité, et il avait mille histoires à partager avec Madeleine.

Ils se retrouvèrent dans la librairie, et Philippe raconta ses aventures avec passion, utilisant les livres de Madeleine comme supports visuels pour illustrer ses récits. La librairie était emplie de rires, de découvertes et d'une amitié qui avait survécu à la distance.

Au fil du temps, l'amitié entre Madeleine et Philippe évolua en quelque chose de plus profond. Ils réalisèrent qu'ils partageaient non seulement une passion pour les livres et les voyages, mais aussi un amour sincère l'un pour l'autre.

Leurs cœurs étaient comme deux chapitres d'un roman qui se complétaient, et ils décidèrent de vivre leur propre histoire d'amour. La librairie, "La Vie en Mots," devint le témoin silencieux de leur amour qui grandissait, une histoire d'amour aussi belle que les mots mêmes qu'ils chérissaient.

Madeleine et Philippe continuèrent de voyager et d'explorer le monde, main dans la main, mais leur plus grande aventure était d'être ensemble. Ils avaient appris que la vie était faite de rêves, d'amitié, d'amour et de l'extraordinaire beauté de chaque jour.

Leurs années passèrent, mais leur amour restait aussi vif que celui d'un personnage de conte de fées. Ils savaient que chaque moment était une page précieuse de leur histoire commune, une histoire écrite avec les mots de l'amour et de la complicité.

The Twists of Life

In the charming town of Provence, the sun reigned supreme, and life flowed peacefully. It was there that Madeleine, a gentle and dreamy woman, owned a small bookstore named "Life in Words."

One summer day, as Madeleine tended to her bookstore, a man entered, drawn by the window filled with antique books and classic novels. This man, named Philippe, was a traveler passionate about reading and exploring the world.

Madeleine and Philippe's eyes met, and it seemed that destiny had woven an invisible connection between them.

Madeleine and Philippe spent hours discussing books, stories, and travels. They shared a common passion for words, those little wonders that could transport the mind to distant worlds.

Each day, Philippe visited the bookstore, and their friendship grew. They told each other stories about their lives, about moments of joy and sorrow, about the dreams that inhabited them.

One afternoon, as they talked about travels, Philippe confided in Madeleine his dearest dream: to journey along the Silk Road, an ancient trade route that crossed Central Asia and the Middle East.

Philippe's dream was ambitious, but it burned with an unquenchable passion for the history and culture of the places traversed by the Silk Road. He had read countless books on the subject, but he ardently desired to see with his own eyes the ancient cities, bustling markets, and hidden oases.

Madeleine, as she listened to Philippe speak of his dream, felt a deep admiration for his determination. She knew that dreams were like books, and that sometimes, they had to be lived to fully understand their depth.

After lengthy discussions, Madeleine decided to support Philippe in realizing his dream. She knew that her friendship and encouragement were priceless treasures.

They planned the journey together, studying possible routes, visas, and necessary arrangements. Philippe was excited, but he was also aware of the challenges that awaited him on the Silk Road, a region rich in history but sometimes politically unstable.

The day of departure finally arrived. Madeleine accompanied Philippe to the airport, and they promised to stay in touch throughout his journey. She gave him a special book from her bookstore, a collection of inspiring poems to remind him of life's beauties.

Philippe embarked on his journey along the Silk Road, discovering breathtaking landscapes, bustling bazaars, and fascinating historical monuments. He met people with warm smiles, hospitable nomads, and inhabitants of ancient cities who willingly shared their culture.

Each day was a new adventure, each stop a discovery. Philippe felt in harmony with life, as if each encounter and each moment were destined to be.

During his travels, he sent letters to Madeleine, describing his experiences, sharing anecdotes, and recounting the stories he had heard along the way. His words traveled to the other side of the world to find refuge in his friend's heart.

Madeleine read Philippe's letters with growing admiration. She discovered the world through his stories, living his adventures vicariously. She realized that dreams could be expressed in many ways, that travel was a form of dreaming in itself.

Philippe's letters were imbued with wisdom, gratitude, and the depth that only a traveler could feel. He wrote about the beauty of deserts, the grandeur of mountains, and the richness of traditions.

After many months of exploration, Philippe returned to his home in Montmartre. His face radiated joy and serenity, and he had a thousand stories to share with Madeleine.

They reunited in the bookstore, and Philippe passionately recounted his adventures, using Madeleine's books as visual aids to illustrate his tales. The bookstore was filled with laughter, discoveries, and a friendship that had survived the distance.

Over time, the friendship between Madeleine and Philippe evolved into something deeper. They realized that they shared not only a passion for books and travel, but also a sincere love for each other.

Their hearts were like two chapters of a novel that complemented each other, and they decided to live their own love story. The bookstore, "Life in Words," became the silent witness of their love growing, a love story as beautiful as the very words they cherished.

Madeleine and Philippe continued to travel and explore the world, hand in hand, but their greatest adventure was being together. They had learned that life was made of dreams, friendship, love, and the extraordinary beauty of each day.

Years passed, but their love remained as vibrant as that of a fairy tale character. They knew that each moment was a precious page in their shared story, a story written with the words of love and companionship.

Les Mystères du Café des Songes

Au cœur du quartier historique de Paris se trouvait un café secret connu sous le nom du "Café des Songes." Ce café mystérieux n'apparaissait sur aucune carte, et seuls ceux qui avaient été initiés à ses charmes pouvaient le trouver.

C'était là que se déroulait une histoire intrigante, une histoire qui commença avec l'arrivée d'un homme nommé Jacques.

Jacques était un rêveur, un homme qui avait toujours été fasciné par les mystères de la vie. Un jour, lors d'une promenade solitaire dans les ruelles pavées de Paris, il découvrit par hasard une porte dérobée qui le conduisit au Café des Songes.

En pénétrant dans le Café des Songes, Jacques fut immédiatement captivé par l'ambiance énigmatique qui y régnait. Des lumières tamisées, des tables ornées de nappes en dentelle, et une douce mélodie de piano créaient une atmosphère hors du temps.

Le café était géré par un homme énigmatique du nom de Henri, qui semblait en savoir long sur les rêves et les mystères de la vie. Les clients qui fréquentaient le café semblaient être des âmes en quête de quelque chose de spécial, de réponses à leurs questions les plus profondes.

Jacques s'assit à une table, commanda un café, et commença à observer les gens autour de lui. Il réalisa rapidement que le Café des Songes était bien plus qu'un simple lieu de rencontre, c'était un endroit où les rêves prenaient vie.

Alors que Jacques sirotait son café, il fit la connaissance de Sophie, la serveuse du café. Elle avait un sourire chaleureux et des yeux pétillants qui semblaient contenir tous les secrets du monde.

Sophie expliqua à Jacques que le Café des Songes était un lieu spécial où les clients pouvaient inscrire leurs rêves sur des petits bouts de papier et les déposer dans une urne. Le serveur des rêves, Henri, se chargeait ensuite de réaliser certains de ces rêves, ceux qui semblaient les plus profonds et les plus sincères.

Jacques fut intrigué par cette idée. Il décida d'écrire son propre rêve sur un morceau de papier et de le déposer dans l'urne. Son rêve était simple : il souhaitait trouver le sens de sa vie, une quête qui le tourmentait depuis des années.

Les semaines passèrent, et Jacques continua de fréquenter le Café des Songes. Il découvrit que le café était un lieu de rencontre pour des personnes de tous horizons, des écrivains en quête d'inspiration aux artistes cherchant une muse.

Un jour, alors qu'il discutait avec Sophie, elle lui annonça que son rêve allait être réalisé. Henri avait décidé de l'aider dans sa quête de sens. Jacques se sentit à la fois excité et nerveux à l'idée de découvrir ce que le destin lui réservait.

Le soir venu, Jacques se rendit au Café des Songes pour découvrir le début de son aventure. Henri lui remit une petite enveloppe scellée et lui dit : "Votre quête commence ici, Jacques. Suivez les indices et écoutez votre cœur."

Jacques ouvrit l'enveloppe et y découvrit une lettre manuscrite. La lettre contenait une série d'énigmes et d'indices, chacun menant à un lieu différent de Paris. Il était clair que cette quête le conduirait à travers la ville, à la recherche de réponses à ses questions les plus profondes.

Il se lança dans l'aventure, résolvant chaque énigme avec détermination. Chaque lieu avait une signification spéciale, liée à un moment clé de sa vie. Il visita des parcs où il avait joué étant enfant, des ruelles où il avait marché main dans la main avec d'anciens amours, et des cafés où il avait passé des heures à écrire ses pensées.

À chaque étape, Jacques découvrait une leçon sur lui-même et sur la manière dont chaque moment de sa vie avait contribué à le façonner. Les réponses à ses questions semblaient émerger naturellement.

Après avoir suivi les indices jusqu'au bout, Jacques se retrouva finalement devant la porte du Café des Songes. Il était épuisé, mais il avait trouvé ce qu'il cherchait depuis si longtemps : le sens de sa vie.

Il entra dans le café, où les lumières tamisées et la mélodie du piano semblaient l'accueillir avec chaleur. Henri et Sophie le reçurent avec des sourires complices, sachant qu'il avait accompli sa quête.

Jacques s'assit à la même table où il avait écrit son rêve et commanda un café. Il se sentait en paix avec lui-même, en harmonie avec le monde qui l'entourait.

Le Café des Songes continua d'accueillir des âmes en quête de réponses, de rêves à réaliser, et de mystères à résoudre. Jacques resta un habitué du café, mais cette fois, il était devenu le serveur des rêves, aidant les autres à trouver le sens de leur vie.

Il écouta les histoires de personnes venues de loin, partageant leurs rêves et leurs espoirs. Il réalisa que chaque personne avait son propre chemin à suivre et que le Café des Songes était un lieu où les rêves prenaient forme.

The Mysteries of the Café of Dreams

In the heart of the historic district of Paris lay a secret café known as the "Café of Dreams." This mysterious café didn't appear on any map, and only those who had been initiated into its charms could find it.

It was here that an intriguing story unfolded, a story that began with the arrival of a man named Jacques.

Jacques was a dreamer, a man who had always been fascinated by the mysteries of life. One day, during a solitary stroll through the cobblestone streets of Paris, he stumbled upon a hidden door that led him to the Café of Dreams.

Upon entering the Café of Dreams, Jacques was immediately captivated by the enigmatic ambiance that pervaded it. Dimmed lights, tables adorned with lace tablecloths, and a gentle piano melody created an otherworldly atmosphere.

The café was managed by a mysterious man named Henri, who seemed to possess extensive knowledge about dreams and the mysteries of life. The patrons who frequented the café appeared to be souls in search of something special, answers to their deepest questions.

Jacques settled at a table, ordered a coffee, and began to observe the people around him. He quickly realized that the Café of Dreams was much more than a mere meeting place; it was a place where dreams came to life.

While sipping his coffee, Jacques struck up a conversation with Sophie, the café's waitress. She had a warm smile and sparkling eyes that seemed to hold all the secrets of the world.

Sophie explained to Jacques that the Café of Dreams was a special place where customers could write their dreams on small pieces of paper and place them in an urn. The Dream Server, Henri, would then take it upon himself to fulfill some of these dreams, those that seemed the deepest and most sincere.

Jacques was intrigued by this idea. He decided to write his own dream on a piece of paper and deposit it in the urn. His dream was simple: he wished to find the meaning of his life, a quest that had been haunting him for years.

Weeks passed, and Jacques continued to visit the Café of Dreams. He discovered that the café was a meeting place for people from all walks of life, from writers in search of inspiration to artists seeking a muse.

One day, while chatting with Sophie, she informed him that his dream was about to come true. Henri had decided to help him in his quest for meaning. Jacques felt a mixture of excitement and nervousness at the prospect of discovering what destiny had in store for him.

That evening, Jacques returned to the Café of Dreams to begin his adventure. Henri handed him a small sealed envelope and said, "Your quest begins here, Jacques. Follow the clues and listen to your heart."

Jacques opened the envelope and found a handwritten letter inside. The letter contained a series of riddles and clues, each leading to a different location in Paris. It was clear that this quest would take him across the city in search of answers to his deepest questions.

He embarked on the adventure, solving each riddle with determination. Each location held special significance, linked to a key moment in his life. He visited parks where he had played as a child, alleyways where he had walked hand in hand with former loves, and cafes where he had spent hours writing his thoughts.

At each step, Jacques discovered a lesson about himself and how each moment of his life had contributed to shaping him. The answers to his questions seemed to naturally emerge.

After following the clues to the end, Jacques found himself standing in front of the door to the Café of Dreams once again. He was exhausted but had found what he had been searching for so long: the meaning of his life.

He entered the café, where the dimmed lights and the piano melody seemed to welcome him warmly. Henri and Sophie received him with knowing smiles, aware that he had completed his quest.

Jacques sat at the same table where he had written his dream and ordered a coffee. He felt at peace with himself, in harmony with the world around him.

The Café of Dreams continued to welcome souls in search of answers, dreams to be realized, and mysteries to be solved.

Jacques remained a regular at the café, but this time, he had become the Dream Server, helping others find the meaning of their lives.

He listened to the stories of people who had come from afar, sharing their dreams and hopes. He realized that each person had their own path to follow, and the Café of Dreams was a place where dreams took shape.

Les Secrets de la Pâtisserie Magique

Au cœur de la vieille ville de Paris se trouvait une pâtisserie des plus énigmatiques. Elle s'appelait "La Douce Merveille," et son charme ne résidait pas seulement dans ses délicieuses pâtisseries, mais aussi dans les mystères qui l'entouraient.

Le propriétaire de la pâtisserie était un homme nommé Pierre, un pâtissier reconnu pour son talent exceptionnel. Chaque jour, il confectionnait des gâteaux, des tartes et des éclairs qui semblaient avoir un goût magique.

Les habitants de la ville savaient que La Douce Merveille était un endroit spécial, un lieu où les souhaits et les rêves prenaient vie grâce aux pâtisseries.

L'une des particularités de La Douce Merveille était les "Gâteaux des Vœux." Chaque client pouvait choisir un gâteau, y faire un vœu secret en le murmurant à l'oreille du gâteau, puis le déguster.

On disait que si le vœu était sincère, le gâteau exaucerait le souhait du client. Beaucoup de gens venaient à la pâtisserie avec leurs espoirs les plus chers, espérant que les Gâteaux des Vœux réaliseraient leurs rêves.

Marie, une jeune femme pleine d'ambition, se rendit un jour à La Douce Merveille. Elle choisit un gâteau aux framboises, y fit un vœu silencieux pour réussir dans sa carrière de styliste, et le savoura avec une pointe d'excitation.

Le lendemain matin, Marie fut surprise de découvrir que son vœu s'était réalisé. Elle avait reçu un appel d'une grande maison de couture qui souhaitait la rencontrer pour discuter d'une opportunité de collaboration.

Marie était émerveillée et reconnaissante envers La Douce Merveille. Elle décida de revenir à la pâtisserie pour en savoir plus sur ces pâtisseries magiques et sur leur mystérieux propriétaire, Pierre.

En discutant avec les clients réguliers, Marie découvrit que les Gâteaux des Vœux avaient exaucé de nombreux souhaits au fil des ans. Des histoires incroyables circulaient sur les transformations de vie qu'ils avaient provoquées.

Marie avait hâte de rencontrer Pierre, le pâtissier magique derrière ces pâtisseries enchantées. Un jour, alors qu'elle savourait un éclair au chocolat, elle eut la chance de parler avec lui.

Pierre était un homme doux et bienveillant, avec des yeux qui semblaient contenir la sagesse du monde. Il expliqua à Marie que la magie de ses pâtisseries venait de l'amour et de l'attention qu'il mettait dans chaque création.

Il avait appris les secrets de la pâtisserie de sa grand-mère, une femme exceptionnelle qui croyait au pouvoir des souhaits et des rêves. Pierre avait continué cette tradition en créant les Gâteaux des Vœux, en espérant apporter un peu de magie et de joie dans la vie des gens.

Au fil du temps, Marie devint une habituée de La Douce Merveille. Elle rencontra d'autres clients qui avaient également eu leurs vœux exaucés par les pâtisseries magiques.

Elle fit la connaissance de Luc, un écrivain en quête d'inspiration pour son prochain roman. Il avait choisi un gâteau au citron, y avait fait un vœu pour trouver l'histoire parfaite, et avait été submergé par une vague d'idées brillantes dès qu'il avait mordu dans le gâteau.

Puis il y avait Élise, une violoniste talentueuse qui avait dégusté un éclair à la vanille en espérant une chance de jouer avec un grand orchestre. Le lendemain, elle avait reçu une invitation inattendue à une audition prestigieuse.

Les histoires de Marie, Luc, Élise et de nombreux autres clients démontraient que les Gâteaux des Vœux avaient le pouvoir de réaliser les souhaits les plus profonds, de manière mystérieuse et surprenante.

Marie et Pierre développèrent une amitié profonde au fil des mois. Ils partageaient leur passion respective pour la mode et la pâtisserie, et Marie était fascinée par la manière dont Pierre créait ses pâtisseries avec amour et dévouement.

Un jour, alors qu'ils préparaient un dessert spécial ensemble, Pierre confia à Marie un secret : les Gâteaux des Vœux étaient avant tout le fruit de l'amour. L'amour qu'il mettait dans sa cuisine, l'amour que les clients y apportaient en formulant leurs souhaits, et l'amour qui se répandait à travers les réalisations de ces vœux.

Au fil du temps, Marie et Pierre développèrent une amitié profonde. Ils partageaient leur passion respective pour la mode et la pâtisserie, et Marie était fascinée par la manière dont Pierre créait ses pâtisseries avec amour et dévouement.

Un jour, alors qu'ils préparaient un dessert spécial ensemble, Pierre confia à Marie un secret : les Gâteaux des Vœux étaient avant tout le fruit de l'amour. L'amour qu'il mettait dans sa cuisine, l'amour que les clients y apportaient en formulant leurs souhaits, et l'amour qui se répandait à travers les réalisations de ces vœux.

La magie de La Douce Merveille résidait dans l'amour. L'amour que Pierre mettait dans ses créations, l'amour que les clients apportaient en formulant leurs souhaits les plus sincères, et l'amour qui se répandait à travers les réalisations de ces vœux.

Au fil des mois, Marie et Pierre développèrent une amitié profonde. Ils partageaient leur passion respective pour la mode et la pâtisserie, et Marie était fascinée par la manière dont Pierre créait ses pâtisseries avec amour et dévouement.

Un jour, alors qu'ils préparaient un dessert spécial ensemble, Pierre confia à Marie un secret : les Gâteaux des Vœux étaient avant tout le fruit de l'amour. L'amour qu'il mettait dans sa cuisine, l'amour que les clients y apportaient en formulant leurs souhaits, et l'amour qui se répandait à travers les réalisations de ces vœux.

Au fil des années, La Douce Merveille continua d'émerveiller les gens avec ses pâtisseries magiques. Pierre et Marie devinrent un duo formidable, créant des pâtisseries qui apportaient de la joie et de l'espoir aux gens du monde entier.

Ils réalisèrent que la vraie magie résidait dans l'amour, l'amitié et la générosité. Chaque pâtisserie était une petite merveille d'amour, et chaque client était une source d'inspiration.

La Douce Merveille devint un symbole de la magie de la vie, un lieu où les rêves se réalisaient grâce à l'amour et à la détermination.

The Secrets of the Magical Bakery

In the heart of the old town of Paris, there was a most enigmatic bakery. It was called "The Sweet Wonder," and its charm lay not only in its delicious pastries but also in the mysteries that surrounded it.

The owner of the bakery was a man named Pierre, a pastry chef renowned for his exceptional talent. Every day, he crafted cakes, pies, and éclairs that seemed to have a magical taste.

The townsfolk knew that The Sweet Wonder was a special place, a spot where wishes and dreams came to life through pastries.

One of the peculiarities of The Sweet Wonder was the "Cakes of Wishes." Each customer could choose a cake, make a secret wish by whispering it to the cake, and then savor it.

It was said that if the wish was sincere, the cake would grant the customer's wish. Many people came to the bakery with their dearest hopes, hoping that the Cakes of Wishes would make their dreams come true.

Marie, a young woman full of ambition, visited The Sweet Wonder one day. She chose a raspberry cake, made a silent wish to succeed in her career as a fashion designer, and savored it with a hint of excitement.

The next morning, Marie was surprised to discover that her wish had come true. She had received a call from a prestigious fashion house that wanted to meet her to discuss a collaboration opportunity.

Marie was filled with wonder and gratitude toward The Sweet Wonder. She decided to return to the bakery to learn more about these magical pastries and their mysterious owner, Pierre.

By talking to regular customers, Marie found out that the Cakes of Wishes had granted many wishes over the years. Incredible stories circulated about the life transformations they had brought about.

Marie was eager to meet Pierre, the magical pastry chef behind these enchanted pastries. One day, while savoring a chocolate éclair, she had the chance to talk to him.

Pierre was a gentle and kind man, with eyes that seemed to hold the wisdom of the world. He explained to Marie that the magic of his pastries came from the love and care he put into each creation.

He had learned the secrets of pastry from his grandmother, an extraordinary woman who believed in the power of wishes and dreams. Pierre had continued this tradition by creating the Cakes of Wishes, hoping to bring a little magic and joy into people's lives.

Over time, Marie became a regular visitor to The Sweet Wonder. She met other customers who had also had their wishes granted by the magical pastries.

She met Luc, a writer in search of inspiration for his next novel. He had chosen a lemon cake, made a wish to find the perfect story, and had been overwhelmed by a flood of brilliant ideas as soon as he bit into the cake.

Then there was Elise, a talented violinist who had enjoyed a vanilla éclair in hopes of a chance to play with a major orchestra. The next day, she received an unexpected invitation to a prestigious audition.

The stories of Marie, Luc, Elise, and many other customers demonstrated that the Cakes of Wishes had the power to fulfill the deepest wishes, in a mysterious and surprising manner.

Marie and Pierre developed a deep friendship over the months. They shared their respective passions for fashion and pastry, and Marie was fascinated by how Pierre created his pastries with love and dedication.

One day, as they prepared a special dessert together, Pierre confided a secret to Marie: the Cakes of Wishes were, above all, the result of love. The love he put into his cooking, the love customers brought by making their most sincere wishes, and the love that spread through the fulfillment of those wishes.

The magic of The Sweet Wonder resided in love. The love Pierre put into his creations, the love customers brought by making their most sincere wishes, and the love that spread through the fulfillment of those wishes.

Over the years, The Sweet Wonder continued to amaze people with its magical pastries. Pierre and Marie became a formidable duo, creating pastries that brought joy and hope to people worldwide.

They realized that true magic lay in love, friendship, and generosity. Each pastry was a small wonder of love, and each customer was a source of inspiration.

The Sweet Wonder became a symbol of the magic of life, a place where dreams came true through love and determination.